# ORGANISATION SOCIALE

## DE

# TOUS LES TRAVAILLEURS

## DE L'AGRICULTURE,
## DE L'INDUSTRIE, DU COMMERCE, DES ARTS
## ET DES SCIENCES.

---

**ADRESSÉE A L'ASSEMBLÉE NATIONALE.**

(Extrait de son Ouvrage.)

## PAR M. CAMUS M<sup>TEL</sup>

Auteur de l'Art de tremper les fers et aciers, Ingénieur métallurgiste,
Membre de la Société d'encouragement pour l'Industrie nationale, ex-Ouvrier, Contre-Maître,
et Directeur Fondateur de plusieurs usines et manufactures métallurgiques en France,
de 1812 à 1845.

Dans le bonheur de tous
Vous trouverez le bonheur de chacun.

# PARIS,

## CHEZ TOUS LES PRINCIPAUX LIBRAIRES,
### Et chez l'AUTEUR, rue du Cherche-Midi, 86.

---

## 1848

# L'ORGANISATION DU TRAVAIL

PAR

## M. CAMUS M<sup>tel</sup>.

—————————

**CITOYENS REPRÉSENTANTS,**

Convaincu que tout bon citoyen doit à son pays le tribut de ses lumières et de son expérience, je viens mettre sous vos yeux l'extrait d'un travail qui a été l'objet de toute ma vie. Né au milieu de la classe ouvrière, ayant été longtemps ouvrier moi-même, puis contre-maître, j'ai fondé et dirigé comme ingénieur métallurgiste plusieurs grandes manufactures pour le compte de différents capitalistes. Cette position particulière qui, depuis 1812 jusqu'en 1845, m'a mis à même d'étudier le caractère et les besoins des masses, me donne l'espérance que je suis parvenu à trouver une solution réelle et praticable aux problèmes que vous aurez à résoudre. Sentant, depuis longues années, que la société tout entière serait un jour ébranlée jusque dans ses fondements, si le travail ne recevait pas une organisation solide, j'avais fait paraître en 1841 une brochure qui contenait les bases principales de mon système d'organisation. Mais l'esprit d'égoïsme et d'aveuglement qui dominait alors les hommes qui nous gouvernaient les a rendus sourds à tous les avis, et ils ont failli, dans leur chute, entraîner la ruine de notre société. Aujourd'hui que le pouvoir qui nous gouverne a reçu le baptême d'une élection vraiment populaire, nous avons lieu d'espérer que ce pouvoir voudra sincèrement l'amélioration du sort des masses et écoutera avec attention les idées des hommes qui ont voué leur vie à cette étude si digne d'intérêt, contenant les questions principales sur lesquelles mon système se fonde.

1848

Quant à moi, citoyens représentants, j'ai la conviction intime qu'une organisation de travail ne peut reposer sur des bases solides qu'autant qu'elle respectera les droits acquis et qu'elle prendra pour point de départ, la société telle qu'elle est établie aujourd'hui. Je ne veux pas dire pour cela que notre organisation sociale soit aussi parfaite que possible, loin de là, et j'aurai même souvent l'occasion d'en signaler et d'en combattre les défauts ; mais je dis que tout système niveleur et égalitaire ne pourra pas naître viable, car aujourd'hui il s'agit d'organiser et non de détruire, d'assurer par l'ordre et l'organisation l'exercice d'un droit sacré et indestructible, le droit de vivre et d'être à l'abri de la misère. Je dis que, pour assurer promptement ce droit, nous pouvons et nous devons prendre pour point de départ la société telle qu'elle est aujourd'hui ; seulement il faut relier entre elles les différentes classes de cette société, les rendre solidaires vis-à-vis les unes des autres par un système fécond et fraternel ; faire voir aux uns qu'il est de leur intérêt et de leur devoir de tendre une main amie et secourable à ceux qui vivent de leur travail, et faire voir aux autres qu'ils peuvent trouver aide, sympathie et protection auprès de ceux que des hommes imprudents leur montrent comme leurs ennemis naturels. Je veux donc dans mon système que cette solidarité entre les classes soit établie d'une manière forte et inébranlable, et elle peut l'être sans qu'on soit dans la nécessité de demander à la propriété des sacrifices plus considérables que ceux qu'elle a faits jusqu'à présent. Bien plus, j'ai la conviction que dans un temps donné, les sacrifices demandés aujourd'hui à la propriété pour n'arriver qu'à un résultat à peu près nul, décroîtraient dans une assez grande proportion, lorsque, par des principes d'ordre bien établis, le capital social ne sera plus soumis aux déprédations et aux dilapidations d'administrateurs infidèles ou inhabiles. A ce sujet, je démontrerai dans mon ouvrage que la société a mal compris jusqu'à présent la manière dont elle devait s'administrer ; toutes ses forces productives ont été négligées ou mal dirigées, et il est résulté de cet état de choses une diminution du capital social, qui a amené dans la plupart des classes un malaise dont nous supportons aujourd'hui les conséquences. Il faut donc que ce capital social soit exploité le mieux possible, dans l'intérêt et à la satisfaction de tous, en évitant de blesser personne; car une loi d'organisation qui lèse les droits et les intérêts non-seulement d'une classe de citoyens, mais d'un seul citoyen, est une loi qui ne naîtra pas viable.

Or, ce capital social qu'il s'agit de bien administrer et de rendre aussi productif que possible se compose de trois éléments qui sont :

1° Tous les biens meubles et immeubles qui composent la propriété du particulier et celle de l'Etat ;

2° Toutes les forces vives et actives, physiques et morales de chaque citoyen. Du temps, de l'habileté, de l'intelligence que chaque membre de la société peut et doit mettre au service de son pays ;

3° Enfin, le Gouvernement qui, étant l'expression de la volonté de tous, n'est qu'un administrateur qui, par son habileté, sa force et sa puissance doit à chacun aide et protection, et à tous une sécurité complète et légalement établie.

Cette division du capital social, qui est la seule vraie, étant établie, chaque citoyen de la République est évidemment propriétaire, et cette propriété, qui résulte de notre explication, rend tous les membres de la société solidaires entre eux. En effet, que deviendrait la partie du capital social, qui n'est composée que d'écus ou d'immeubles, si elle n'était fécondée par les forces physiques, morales et intelligentes qui forment la seconde partie du capital social. Que deviendraient, de leur côté, les forces physiques, morales et intelligentes, si elles n'avaient pour aliment et pour but cette première partie du capital social ?

Que deviendraient enfin ces deux premiers éléments, s'ils étaient dépourvus d'un gouvernement qui les protégeât et les régularisât ?

Il y a donc, dès aujourd'hui, une grande solidarité entre les différents éléments du capital social. Mais, pour que cette solidarité soit indissoluble et inattaquable, il faut établir entre ces éléments une harmonie qui ne soit jamais illusoire et qui puisse devenir complète. Non-seulement il faut établir cette harmonie, mais il faut l'établir au moyen d'un système applicable immédiatement, et pour ainsi dire en un seul jour, car les misères sont grandes et la faim n'a pas le temps d'attendre. Il est donc nécessaire de remédier immédiatement à ce mal qui nous ronge et nous dévore, et de soulager ces misères dignes de toute notre sollicitude, puisqu'elles pèsent sur des frères. Pour arriver à ce résultat si désirable, il est urgent de connaître les causes du mal que nous voulons guérir. La première de ces causes est l'isolement social dans lequel vit chaque membre de la société. Cet isolement, qui réduit chacun à ne pas porter ses regards au delà du cercle qui le concerne, et à ne penser qu'à son individualité, cet isolement engendre nécessairement l'égoïsme, qui est la plaie sociale la plus grande et la plus complétement incompatible avec un régime sincèrement républicain. Enfin, de l'isolement naissent la défiance et la haine; la réunion, au contraire, engendre en général l'estime et la confiance.

En second lieu, la société ne s'applique pas suffisamment à employer les hommes suivant leurs capacités; elle ne sait pas utiliser une partie de son capital social en cherchant à moraliser et à élever les masses, afin qu'elles produisent tout ce qu'elles peuvent produire, conduites par un sentiment d'honneur et de reconnaissance.

En troisième lieu, l'isolement et l'ignorance dans lesquels vivent la plupart des citoyens leur font croire que la fortune publique peut être impunément prodiguée; que le trésor est une source où chacun peut puiser, et on ne comprend pas que chacun contribuant à la richesse de ce trésor, soit comme producteur, soit comme consommateur, chaque membre de la société est intéressé à ce que la fortune de l'État soit administrée avec la plus grande économie possible, puisqu'elle est la fortune de tous. Voler l'État n'est pas voler, dit-on, et on ne se rend pas compte que lorsque les rouages de la fortune publique ne sont pas parfaitement entretenus, toutes les fortunes particulières ont à en souffrir.

En quatrième lieu, la société ne comprend pas les éléments de son capital dont on a jusqu'ici fait le plus déplorable abus. On ne s'est pas rendu compte que tout immeuble mal administré, que toute force physique, morale et intelligente mal employée ou restant inactive, que tout temps perdu étaient un vol fait au capital social. Par erreur ou par insouciance, par routine ou par habitude, on voit, sans s'en inquiéter, ce gaspillage du capital social; on croit même qu'il est impossible de remédier à cet abus qui se fait surtout sentir dans la classe des travailleurs; mais c'est là une erreur grossière que je démontrerai jusqu'à l'évidence dans mon ouvrage, et, en détruisant cet abus, nous donnerons à la France une source immense de richesses qui, jusqu'à ce jour, est restée improductive. Il faudra donc un système assez complet pour que chaque citoyen comprenne que tout ce qui est perdu en temps, en force physique, morale et intelligente, en propriété de toute nature, porte un préjudice considérable à la fortune publique, et que cette fortune n'étant autre chose que la fortune de tous, chacun doit coopérer de toutes ses forces à la faire prospérer.

Enfin, une des causes principales de la misère du temps où nous vivons, c'est la concurrence effrénée dont les scandaleux abus frappent chaque jour nos yeux.

La concurrence, sœur de la liberté, doit sans doute être permise et protégée; source de prospérité et d'amélioration, lorsqu'elle est régie par des lois sages et moralisatrices, la concurrence devient un poison mortel lorsqu'elle est livrée à elle-même. La liberté sans l'ordre, c'est l'anarchie; la concurrence sans moralité, c'est le vol et la perte de la fortune publique; la concurrence sans frein est un fléau qui pèse sur l'humanité. Respectons donc et protégeons la concurrence, source d'émulation et de progrès; mais aussi, moralisons-la et renfermons-la dans des limites qui, en annulant ses germes destructeurs, lui laissent le pouvoir de développer ses principes fécondants.

Telles sont les causes principales qui ont amené notre société à l'état de gêne et de misère où elle est aujourd'hui. Ces causes, que je ne fais qu'indiquer dans ce résumé, seront développées avec détail dans mon ouvrage, et seront rendues plus saillantes par les exemples que je citerai, par les faits qui se sont passés sous mes yeux, par les observations que j'ai faites soit comme ouvrier, soit comme contre-maître, soit comme fondateur et directeur d'établissements. Je rendrai toutes ces causes saillantes et palpables, et lorsque j'aurai fait passer dans les esprits la conviction et la certitude de l'origine du mal, je suis persuadé que le remède que je veux y appliquer paraîtra efficace et salutaire. Ce remède sera d'autant plus apprécié que, je le répète, il respectera tous les droits acquis, et que non-seulement je ne demanderai pas à la société et à la propriété des sacrifices plus grands que ceux qu'elle a faits jusqu'à ce jour, mais encore ces sacrifices ne pourront que diminuer sensiblement; car mon organisation du travail a pour but et pour objet le bonheur de tous. Supposons donc un moment que mes vœux les plus ardents soient réalisés, que la misère soit à jamais bannie de notre chère patrie, quelles seront alors les économies que la société pourra réaliser?

En premier lieu, toutes les classes de la société étant harmonisées et rendues solidaires entre elles par les liens indissolubles d'un intérêt et d'une fraternité bien entendus, il est évident que les révolutions seraient rendues impossibles; car, en général, les révolutions sont engendrées par la misère et la faim, et la tranquillité sera à jamais assurée dans un État où chaque citoyen aura du travail ou du pain garantis pour lui et sa famille. C'est alors que les ambitieux qui se servent si souvent de la misère du peuple pour arriver, sous le masque du patriotisme, à servir leurs vues personnelles, seront réduits à l'impuissance. Or, il n'y a pas de révolution qui ne coûte plusieurs milliards à la société qui la subit. Chaque membre de la société n'est-il donc pas intéressé à faire de bonne volouté quelques légers sacrifices, qui lui sauveront ces immenses désastres qui sont la conséquence forcée de chaque révolution.

2° Le bonheur de tous étant acquis, et par ce seul fait, la tranquillité publique étant assurée, ne pourra-t-on pas faire d'immenses économies sur les forces militaires qui sont entretenues pour réprimer les émeutes populaires, au moins autant que pour défendre l'indépendance de notre territoire. Le peuple n'étant plus à craindre, et la concorde étant assurée par la réalisation de cette sublime fraternité, si souvent invoquée en vain, ne pourrons-nous pas rendre au capital social une grande partie de ces forces productives qui sont enchaînées sous les drapeaux?

3° La misère ayant disparu, la moralité des citoyens étant développée, n'aurons-nous pas d'immenses économies à réaliser sur nos prisons et sur nos tribunaux?

Nos hospices, qui regorgent aujourd'hui d'êtres misérables et souffrants, nos hospices qui sont insuffisants relativement à notre misère, malgré les sommes énormes qu'ils nous coûtent, ne pourront-ils pas être réduits dans une forte proportion lorsque chaque famille aura des ressources suffisantes pour donner des soins à ceux de ses membres qui seront infirmes ou malades?

N'est-il pas évident que lorsque la misère aura disparu, que lorsqu'une mère aura la certitude de trouver, par son travail, un salaire suffisant pour nourrir son enfant, elle n'ira pas le porter aux Enfants-Trouvés. Aujourd'hui, mourant de faim elle-même, elle ne veut pas associer à sa misère l'être qui sort de son sein, mais lorsqu'elle sera certaine de pouvoir le nourrir par son travail, elle gardera sous son aile maternelle et protectrice le dépôt précieux et chéri qu'elle aura reçu de Dieu.

Les Monts-de-Piété, qui ne servent qu'à accroître la misère, en lui offrant à des conditions désastreuses des ressources momentanées, ne seront-ils pas inutiles lorsque la misère elle-même sera détruite, et n'y aura-t-il pas encore là des économies immenses à réaliser?

Enfin, ces bureaux de bienfaisance dont l'insuffisance est si grande, quoiqu'ils soient le résultat des efforts d'hommes éminemment philanthropes, ne pourront-ils pas être totalement supprimés et donner lieu à d'immenses économies?

La charité particulière qui s'exerce, il faut le reconnaître, avec une grande libéralité par quelques âmes généreuses, surtout à Paris, ne sera-t-elle pas délivrée des sacrifices qu'elle s'impose?

Ai-je donc tort lorsque je prétends que la misère étant bannie on pourra réaliser des économies si immenses, que les sacrifices que j'aurai à demander à la société seront moins grands que ceux qu'elle fait aujourd'hui.

Il s'agit donc, pour arriver à un résultat si désirable, de savoir quels sont les moyens à prendre pour que le capital social produise tout ce qu'il peut produire et augmente la fortune publique, et par quelle organisation on peut arriver à rendre toutes les classes de la société tellement solidaires entre elles, que les membres d'un même état ne forment plus que les membres d'une même famille; ceci nous conduit à indiquer les remèdes aux maux que nous avons signalés.

Je dirai tout d'abord, que, comme base fondamentale de mon système, je veux substituer une vaste association à l'isolement, la fraternité à l'égoïsme, la confiance à la haine, la moralité et le besoin de se rendre utile, à la débauche et à l'insouciance.

Aujourd'hui le droit de vivre est bien reconnu, à certains égards, par la société telle qu'elle est constituée. Ce droit est reconnu en ce sens que la société ne laisse littéralement mourir de faim aucun de ses membres, et que, quand un individu, poussé par le besoin de manger, tend une main suppliante, il trouve presque toujours une âme charitable qui lui donne de quoi se nourrir. Mais, dans l'état actuel de notre civilisation, cette pitié qui donne un morceau de pain ne suffit plus à l'homme ; chaque citoyen a la conscience de sa dignité, il ne demande plus seulement la vie matérielle de la brute, il veut que ses droits au travail soient reconnus, que le pain qu'il reçoit soit le prix de ses labeurs et non le fruit d'une aumône.

Pour parvenir à ce but, il faut créer sur des bases larges et solides une vaste association qui répartisse également sur chacun, les charges qui ne pèsent aujourd'hui que sur un certain nombre. Il faut que chacun sente la nécessité de contribuer, pour sa part, au bonheur de tous, tandis qu'aujourd'hui il n'y a qu'un certain nombre de philanthropes qui viennent au secours de l'humanité souffrante. Ceux-là font des sacrifices considérables, je le reconnais ; mais les égoïstes, qui ne comprennent pas leurs propres intérêts, ne soulagent aucune misère, et ils se plaignent avec amertume qu'il y ait au monde des pauvres et des vagabonds qui les importunent de leurs plaintes et les inquiètent dans leurs jouissances.

Il faut donc que cette classe de gens, qui ne peut pas être touchée par le cœur, le soit par l'intérêt, et qu'on décrète sous forme de loi, un système qui les force, au moins moralement, à partager les charges de la société.

- Il faut que notre capital social soit exploité et administré de manière à ce qu'il produise tout ce qu'il peut produire. Il faut qu'aucune force physique et morale ne soit perdue, et on ne peut arriver à ce résultat que par des lois et règlements moralisateurs, qui fassent sentir à tous que l'ordre est la source première de toutes les richesses. Il faut encore, pour administrer ce capital, des hommes capables et intègres dévoués à la chose publique et soumis à l'élection.

Mais pour que chacun donne à la société ce que ses forces lui permettent de donner, il est nécessaire que le travailleur soit assuré que lorsque son corps sera affaibli par l'âge et usé par le travail, il trouvera un asile où il sera à l'abri du besoin. Il sera donc créé un Hôtel des Invalides civils, où seront recueillis les débris de notre armée industrielle, et, à ce sujet, je réclame comme ma propriété exclusive et personnelle l'idée des Invalides civils.

En outre, nous devrons mettre tous nos efforts à moraliser la classe des travailleurs et à détruire des abus déplorables. Par une instruction sage et populaire, nous lui ferons comprendre qu'il est de son devoir d'aider de tout son pouvoir une société qui la met à l'abri de la misère. Nous lui ferons comprendre que la sobriété peut seule la mettre à même de supporter sans fatigue un travail pénible et journalier, que la débauche, au contraire, en détruisant les forces morales et physiques, la rend à charge à la société et l'abaisse au niveau de la brute. Il n'y a nulle part plus de reconnaissance que dans le cœur de l'ouvrier, et la société qui lui assurera du travail ou du pain recevra de lui tout ce qu'il peut donner.

Le peuple devra recevoir une instruction large et libérale, qui forme son cœur et qui lui permette d'élever son esprit. L'instruction professionnelle et pratique devra surtout être fortement organisée ; car c'est par elle que ses produits pourront soutenir la concurrence étrangère et donner à notre France industrielle le degré de prospérité et de gloire auquel elle peut prétendre.

Il faut, enfin, stimuler la probité, l'amour du bien public et du travail par des récompenses honorifiques décernées à l'élection. Le soldat qui verse son sang pour la France peut espérer de voir briller sur sa poitrine le signe distinctif du courage ; les actions d'éclat sont mises à l'ordre du jour de l'armée et de la France. Pourquoi l'ouvrier qui, lui aussi, donne sa vie à son pays, ne pourrait-il pas recevoir la récompense des services qu'il a rendus ? Pourquoi ne pas décerner à l'élection une décoration civique à l'honneur, à la probité, au travail ; pourquoi, enfin, ne déclarerait-on pas, dans des assemblées solennelles, que l'ouvrier le plus capable, le plus laborieux et le plus honnête a bien mérité de la patrie ? Ce serait un moyen puissant pour exciter l'émulation au sein de la classe ouvrière.

Enfin, en un mot, la suppression des maîtrises et des jurandes, tout en abolissant un monopole fâcheux, a eu l'inconvénient de laisser sans organisation la classe ouvrière. C'est cette organisation qu'il faut établir fortement, et c'est là le but du projet de loi qu'il me reste à vous soumettre. Cette loi doit comprendre l'ensemble d'un système dont les bases fondamentales seront le respect de tous les droits acquis, la fraternité, l'abolition de la misère, mais aussi un ordre régulièrement établi, et, au besoin, une discipline ferme, mais juste. J'ai cherché à déposer dans mon projet de loi les germes féconds de la liberté et de la fraternité, des sentiments nobles et purs et de cet amour du bien public qui fait la force et la prospérité des nations, et qui seul est capable de réunir entre eux tous les peuples civilisés par les liens d'une concorde fraternelle et générale.

# PROJET DE LOI

sur

## L'ORGANISATION SOCIALE DES TRAVAILLEURS

DE L'INDUSTRIE,
DE L'AGRICULTURE, DU COMMERCE, DES SCIENCES ET DES ARTS.

## Titre premier.

### CHAPITRE PREMIER.

#### ARTICLE PREMIER.

Il est formé, par la présente loi, une société sous la dénomination de *Société nationale et fraternelle.*

Le siége central de la société sera à Paris.

La société est constituée pour un temps illimité.

#### ART. 2.

Toutes personnes des deux sexes qui adhéreront à la présente société, seront considérées comme bienfaitrices de l'humanité.

#### ART. 3.

La société est et demeure sous la protection des lois de l'État.

### CHAPITRE II.

#### ART. 4.

La mendicité est à jamais éteinte en France.

Des peines déterminées par des lois subséquentes seront portées tant contre les individus qui l'exerceront à l'avenir, que contre les maires et les magistrats qui ne la poursuivront pas rigoureusement.

#### ART. 5.

En conséquence de l'article qui précède, la nation garantit à tous les membres de la société, soit du travail, soit des moyens d'existence, depuis le moment de leur naissance jusqu'à celui de leur décès.

## ART. 6.

Toutfois, cette garantie n'est donnée qu'à la condition que les individus qui en réclameront les bénéfices se conformeront à la présente loi et aux règlements qui y seront annexés.

## ART. 7.

En outre des avantages portés en l'art. 5, tout membre de la Société nationale et fraternelle aura droit, lorsque sa position l'exigera :

1° A des secours en cas de maladie ;

2° A des indemnités de voyage lorsqu'il sera déplacé ;

3° A une retraite assurée aux invalides civils, en cas de vieillesse ou d'infirmités.

Ces avantages ne seront propres qu'aux membres de la Société nationale et fraternelle des deux sexes, puisque ceux qui ne feront pas partie de la Société ne contribueront pas aux charges sociales.

## ART. 8.

En conséquence des principes consacrés par les articles précédents, chaque maire, dans le plus bref délai à partir de la promulgation de la présente loi, devra s'enquérir de toutes les misères, recevoir toutes demandes de secours et y pourvoir, en fournissant à ceux qui en auront besoin les choses nécessaires et indispensables à la vie.

Chaque maire devra également employer, autant que possible, les ouvriers sans ouvrage, soit à l'amélioration des biens communaux, soit à l'entretien des voies de communications de toute espèce.

Les maires devront se faire assister par le conseil municipal, afin de satisfaire avec plus de promptitude et d'équité aux obligations qui lui sont imposées par cet article.

NOTA. Aujourd'hui, la société nourrit bien ou mal tous ses membres, c'est là un fait reconnu. Mais la mauvaise répartition des fonds fournis par la charité et par les philanthropes est cause que les sommes versées deviennent insuffisantes. Nous ne demandons pas à la propriété plus que ce qu'elle a donné jusqu'à ce jour; seulement, ce qui lui sera demandé à l'avenir sera bien employé, et dans le but d'un intérêt général.

D'un autre côté, les charges qui sont mal réparties aujourd'hui, l'étant également à l'avenir, et selon les ressources de chacun, deviendront moins lourdes, et l'association ayant lieu par toute la France, les communes pauvres, qui ne peuvent se suffire à elles-mêmes, seront secourues par la caisse sociale.

# Titre II.

## Des personnes qui pourront faire partie de la Société nationale et fraternelle. — Des conditions d'admission; des titres que prendront les personnes admises; des diplômes; des livrets et des droits acquis aux membres par le fait de leur admission.

### Art. 9.

Tout Français des deux sexes peut faire partie de la Société nationale et fraternelle, s'il est majeur.

Les mineurs pourront également en faire partie, lorsqu'ils seront régulièrement autorisés par leurs parents ou tuteurs, conformément à nos lois civiles.

### Art. 10.

Des diplômes seront délivrés aux sociétaires qui y auront droit, et relativement aux différentes catégories dont il sera parlé ci-après.

Ces diplômes seront faits dans les formes déterminées par les règlements ultérieurs, et porteront en tête les emblèmes de l'agriculture, de l'industrie, des arts et du commerce.

Ils seront couronnés par l'œil de Dieu, avec cette inscription : *An premier de la Fraternité.*

### Art. 11.

Les membres faisant partie de la Société nationale fraternelle seront divisés en cinq catégories, suivant le chiffre des cotisations :

| | | Sommes une fois payées. | A payer mensuellement. |
|---|---|---|---|
| 1re catégorie. | Les généreux. | 100 fr. | 5   00 |
| 2e — | Les protecteurs. | 50 | 3   00 |
| 3e — | Les économes. | 25 | 2   00 |
| 4e — | Les sous-économes. | 10 | 1   00 |
| 5e — | Les protégés. | » | »   50 |

### 1re *Catégorie.* — LES GÉNÉREUX.

1° Pourra faire partie de cette catégorie, tout individu qui versera immédiatement la somme de 100 fr., *au moins,* et qui prendra l'engagement formel de verser un minimum de 5 fr. par mois, à partir du jour où il aura reçu son diplôme ;

2° Tout chef d'industrie ou d'établissement, quelle que soit l'importance de sa manufacture ou de son atelier, pourra faire partie de la catégorie des généreux, s'il prend l'engagement formel, 1° de payer, à la fin de chaque mois, la somme produite par la multiplication du nombre de journées de travail faites par les travailleurs des deux sexes qu'il emploiera à n'importe quel titre, à raison de 5 cent. par journée de travail de chacun d'eux ; 2° de payer 50 cent. par mois par chaque apprenti employé dans son établissement ; 3° enfin, de payer, à la fin de chaque mois, 5 cent. par chaque jour de travail et par chaque cheval, soit pour les chevaux en nature de toute espèce, soit pour les chevaux représentés par la force motrice des machines hydrauliques ou à vapeur.

NOTA. Ces obligations imposées aux manufacturiers ou chefs d'établissement, peuvent paraître exorbitantes au premier coup d'œil ; mais, lorsqu'on y réfléchira, on verra que les sommes payées par lui, lui seront productives.

En effet, l'ouvrier qui, aujourd'hui, considère généralement son patron comme son ennemi naturel, ne produit que tout juste ce qui est nécessaire pour être conservé dans l'atelier ; mais lorsque, par l'association proposée, l'ouvrier sera dans la nécessité évidente de reconnaître, dans son patron, son ami et son bienfaiteur, il emploiera son temps avec toute l'activité dont il sera capable ; il sera animé par un devoir d'honneur et de reconnaissance, et il apportera tout l'ordre et toute l'économie possible à l'emploi des matières premières qui lui seront confiées.

Enfin, les machines qui, aujourd'hui, sont, dans beaucoup d'ateliers, l'objet de l'animadversion, les machines produisant également dans l'intérêt de l'ouvrier, deviendront l'objet de ses soins ; au lieu d'être endommagées souvent par la malveillance, elles seront mieux entretenues et produiront davantage pour le patron, parce qu'elles seront regardées sans haine.

### 2e *Catégorie.* — LES PROTECTEURS.

Pourront faire partie de cette catégorie et en recevront le diplôme, tout individu ayant ou non profession, tout directeur d'établissement, commis, contre-maître ou chef d'atelier, qui verseront immédiatement au trésorier de leur commune la somme de 50 fr., en prenant l'engagement formel de verser 3 fr. par mois, à partir du jour où ils auront reçu leur diplôme.

Nota. Les commis, contre-maîtres ou chefs d'atelier auront un grand intérêt à prendre, dans l'association, le titre de protecteurs. Aujourd'hui, ils ont une position fausse dans les ateliers : ils ne sont ni maîtres ni ouvriers, et sont en général regardés de mauvais œil, parce qu'ils sont chargés de faire assurer les règlements et la discipline. Leur titre de protecteurs, les services qu'ils rendront à l'association feront disparaître ces haines et ramèneront l'harmonie.

Seront également reçus membres de cette catégorie, sans qu'ils soient obligés de payer de cotisation, et en raison des services qu'ils seront appelés à rendre à la nation, tous instituteurs ou institutrices qui en feront la demande.

### 3<sup>e</sup> *Catégorie*. — Les Économes.

Seront reçus membres de cette catégorie tous individus ayant ou non profession qui verseront immédiatement la somme de 25 fr., et qui prendront l'engagement de verser 2 fr. par mois à partir du jour où ils auront reçu leurs diplômes.

### 4<sup>e</sup> *Catégorie*. — Les Sous-Économes.

Seront reçus membres de cette catégorie tous individus qui verseront immédiatement la somme de 10 fr. et qui prendront l'engagement formel de verser 1 fr. à la fin de chaque mois qui suivra celui où ils auront reçu leur diplôme.

Cependant, et pour plus de facilité, si le membre qui voudra faire partie de cette catégorie ne peut verser 10 fr. immédiatement, il sera reçu de même. Dans ce cas, il ne recevrait que les livrets dont il sera parlé ci-après, et le diplôme ne serait délivré que lorsqu'il aurait versé les 10 fr. de mise première indépendamment de sa cotisation mensuelle.

### 5<sup>e</sup> *Catégorie*. — Les Protégés.

Tout apprenti qui, sous la garantie de ses parents ou de son tuteur, prendra l'engagement de verser 50 centimes par chaque mois, sera reçu membre de cette catégorie.

Ce versement ne lui donnera droit qu'à deux livrets. Il pourra, cependant, recevoir son diplôme pendant le cours de son apprentissage, par suite de circonstances particulières et à titre de récompense.

Mais dans le cas où l'apprenti donnerait contre lui des sujets de plaintes graves, non-seulement il n'aurait pas droit à cette faveur, mais il perdrait ses droits aux sommes versées par lui à quelque titre que se soit, et ses livrets lui seraient retirés jusqu'à ce qu'il en ait mérité la remise par sa bonne conduite.

A la fin de son apprentissage, l'apprenti qui se sera bien conduit aura toujours droit à son diplôme et pourra obtenir le diplôme d'une catégorie supérieure en satisfaisant aux conditions exigées. Il ne pourra être délivré, *immédiatement*, à l'apprenti le diplôme d'une catégorie supérieure, qu'à la condition qu'il aura obtenu celui de fin d'apprentissage.

## Art. 12.

Tout orphelin d'un membre des quatre premières catégories, sera *protégé* de droit et mis en apprentissage pour l'un des états vers lequel il se sentira le plus porté.

On aura égard dans ce cas à la catégorie à laquelle appartenait son père ou sa mère.

Par ce fait, l'orphelin deviendra de droit le pupille du préfet, qui sera appelé *Père départemental,* ainsi qu'il sera dit ci-après.

Ces dispositions, toutefois, ne seront applicables qu'aux orphelins que la mort de leur père et mère laisserait dans le besoin.

## Art. 13.

Tout membre d'une catégorie pourra passer dans une catégorie inférieure ou supérieure en se conformant aux règlements qui seront faits à ce sujet.

## Art. 14.

Tout sociétaire sans travail ne sera pas contraint de payer sa cotisation mensuelle, s'il est prouvé qu'il est dans l'impossibilité de le faire.

# CHAPITRE II.

## Des Livrets.

### Art. 15.

Deux livrets seront remis gratuitement aux membres, qui faisant partie de la Société nationale fraternelle, seront appelés à jouir des avantages qu'elle présente.

Ces livrets, dont la forme sera déterminée par des règlements ultérieurs, auront la destination suivante :

1° Le livret d'admission sera imprimé et contiendra les articles principaux de la présente loi et les règlements qui auront rapport à sa profession. Le livret contiendra le signalement du porteur et, étant dûment visé, lui servira de passeport. Il sera en outre fait mention, sur le livret, de la réception authentique du porteur comme membre de la société ; des dates pures et simples d'entrée et de sortie, sans qu'il y soit joint d'attestations.

A la fin de chaque année, le nombre de journées de travail du porteur du livret y sera totalisé.

2° Sur ce même livret seront inscrits, par les soins de l'autorité compétente, les faits qui auront valu au porteur soit des mentions honorables, soit des récompenses honorifiques qui leur auraient été décernées au nom de la nation reconnaissante.

3° Le deuxième livret ne sera qu'un livre de comptes ; il sera également imprimé, de sorte qu'on n'aura plus qu'à le remplir en chiffres. Il contiendra le numéro de la catégorie du porteur, et fera mention des sommes versées ou reçues par lui.

### Art. 16.

Lorsque les livrets seront remplis, ils seront remplacés par d'autres et seront conservés par le titulaire pour lui servir d'attestation des faits antérieurs.

Mais pour que, dans aucun cas, les livrets auciens ne puissent être représentés comme étant encore valables, ils seront écornés d'une manière déterminée.

## CHAPITRE III.

**Admission et inscription des membres de la Société.**

### ART. 17.

Pour faire partie de la société, il faudra : 1° Être présenté au maire-trésorier de la commune dans laquelle on a son domicile, et par deux membres ayant leur diplôme.

2° Si le membre présenté n'est pas majeur et s'il est né dans une commune éloignée, le maire-trésorier devra exiger un certificat d'autorisation des parents ou tuteurs, dont il fera lui-même la demande aux autorités compétentes.

3° Lorsqu'un membre majeur ou non sera présenté, il lui sera fait lecture à haute et intelligible voix des articles principaux de la loi et des règlements qui régiront la société, ainsi que des articles portés au livret de sa catégorie, de son état et de sa profession.

Avant son admission le membre présent devra déclarer qu'il se soumet à la loi, adhère aux règlements dans toute leur teneur, et promet de s'y conformer

### ART. 18.

Avant qu'on ne lui délivre ses livrets et son diplôme, le membre présenté devra déclarer qu'il prend l'engagement de ne jamais faire partie d'une société ayant un but hostile à nos institutions.

S'il était prouvé que malgré sa promesse, un membre a fait partie d'une société contraire aux lois de la nation, il serait immédiatement rayé des listes d'inscription et perdrait tous ses droits. Il devra en outre promettre de faire tout ce qui dépendra de lui pour mériter par sa probité et son travail, l'estime des frères qui le recevront dans leur grande famille, et auxquels il se lie par un sentiment philanthropique.

### ART. 19.

L'inscription du membre entrant ainsi que la mention des sommes versées par lui, auront lieu instantanément en sa présence et celle des deux témoins.

## Art. 20.

Les formalités à remplir par les trésoriers communaux, vis-à-vis des agents du trésor public, afin que les inscriptions soient mises à la connaissance du siége central et général de la société, seront définies par des règlements ultérieurs.

# CHAPITRE IV.

**Des droits acquis aux membres de la Société nationale fraternelle, par le fait de leur admission, et des Invalides civils.**

## Art. 21.

Tout membre de la société qui manquera ou qui sera sur le point de manquer d'ouvrage ou d'emploi devra en informer dans le plus bref délai le maire-trésorier de la commune dans laquelle il réside.

Il devra se faire inscrire sur un registre spécial, en indiquant sa profession et sa demande d'emploi.

## Art. 22.

S'il n'est pas possible de lui procurer immédiatement de l'ouvrage ou un emploi, il sera logé, nourri, chauffé et éclairé s'il y a nécessité.

## Art. 23.

En attendant qu'on puisse donner de l'ouvrage ou un emploi au sociétaire qui en demandera, celui-ci devra consentir à se livrer aux travaux qui lui seront indiqués, lors même que ces travaux ne seraient pas de sa profession. Mais il est bien entendu que cet état ne serait que provisoire et cesserait aussitôt que possible.

## Art. 24.

Tout membre de la Société nationale fraternelle qui aura besoin d'employés, d'ouvriers ou d'apprentis des deux sexes en fera la demande au maire-trésorier de la commune où il aura son domicile.

Ces demandes seront inscrites sur un registre spécial.

## Art. 25.

Les demandes d'emploi ou d'employés, faites au maire-trésorier de la commune, seront transmises par celui-ci au père d'arrondissement, lorsqu'il n'aura pas pu y satisfaire.

Si le père d'arrondissement ne peut pas non plus faire droit, dans le cercle de son administration, aux demandes qui lui seront faites, il en fera un état qu'il adressera au père départemental. Ce dernier à son tour opérera de la même manière et adressera un état des demandes à Paris, au siége central de la société, d'où se fera, en dernière ressource, la distribution des travailleurs sur toute l'étendue du territoire français.

## Art. 26.

Lorsqu'un membre de la société aura un déplacement à subir, pour trouver une occupation de son état, les frais de voyage seront supportés par la société.

Nota. Il arrive souvent aujourd'hui que des chefs d'industrie manquent des bras qui leur sont nécessaires, lorsque pourtant beaucoup des ouvriers qu'ils pourraient occuper, sont sans travail. Ce fait est le résultat d'une mauvaise organisation. Par suite du système proposé, cet inconvénient sera détruit, les travailleurs ne seront plus exposés à des déplacements onéreux, et qui, souvent, les conduisent à la débauche. En effet, si un travailleur arrive dans une grande ville où il était attiré par l'espoir d'avoir de l'ouvrage, il reste quelquefois pendant deux et trois mois sans en trouver. Ce temps s'écoule dans l'oisiveté, les mauvaises connaissances se font, et il arrive souvent que les hommes qui sont d'un caractère faible se laissent pervertir, ou au moins prennent l'habitude de l'oisiveté.

Il est à remarquer aussi que ces voyages, sans but certain, sont une source de mendicité et de vagabondage, et constituent une véritable charge pour la société. Ce sont là des plaies sociales qu'un système régulier et moralisateur est appelé à détruire.

## Art. 27.

Lorsque la société aura des fonds suffisants et disponibles, si un sociétaire d'une moralité et d'une capacité reconnue avait besoin d'un prêt, soit pour continuer une entreprise commencée, soit pour en créer une, des avances pourraient lui être faites.

Toutefois, ces avances ne pourront être faites qu'après un examen préalable, sérieux et approfondi, et lorsqu'il sera prouvé que l'entreprise proposée sera lucrative pour l'emprunteur et profitable à la nation.

Dans tous les cas, ces prêts particuliers seront soumis à des règlements spéciaux.

## ART. 28.

Tout membre de la Société nationale fraternelle qui par suite d'infirmités et de blessures ou pour cause de vieillesse, sera hors d'état de se suffire par son travail, sera admis aux Invalides civils. Dans ce cas et à son choix, ou le membre dont il s'agit recevra une pension de retraite qui sera fixée suivant les ressources de la caisse centrale, ou il sera reçu dans un établissement départemental créé à cet effet.

## ART. 29.

Les Invalides civils qui seront admis dans les établissements départementaux pourront, après un an de séjour, être désignés par voie d'élection pour faire partie des Invalides civils généraux résidant à Paris. Ces élections ne seront faites qu'au fur et à mesure des places qui deviendront vacantes aux Invalides civils de Paris.

## ART. 30.

La première année les résidences seront déterminées, en raison du domicile du sociétaire, au moment de son admission aux Invalides civils.

## ART. 31.

Les droits et devoirs des Invalides civils seront déterminés par des règlements ultérieurs.

### Des bâtiments.

## ART. 32.

Dans chaque chef-lieu de département il sera construit un hôtel des Invalides civils.

Ces établissements réuniront les Invalides civils, les écoles d'arts et métiers, et le lieu de retraite assurée aux travailleurs sans emploi. Des succursales de ces établissements seront établies dans chaque chef-lieu d'arrondissement.

Les bâtiments seront construits d'après des plans mis au concours, et jusqu'au moment où leur construction pourra être achevée, le gouvernement et les villes mettront, dans chaque localité, à la disposition de la société, les locaux qu'ils pourront rendre libres à cet effet.

# Titre III.

## Finances, des obligations de l'État envers la Société nationale fraternelle.

### Art. 33.

L'État sera chargé envers la Société nationale fraternelle des sommes provenantdes impôts qui étaient destinées précédemment aux établissements de bienfaisance, et aussi des sommes qui par suite de la nouvelle organisation sociale, pourront être détournées de leur destination actuelle.

Ces différentes sommes serviront à subvenir aux dépenses de première fondation, et le surplus servira de fonds de roulement.

Elles seront employées au profit de la Société nationale fraternelle jusqu'à l'époque où la société pouvant se suffire à elle-même, les impôts généraux devront être diminués.

A cet effet des comptes spéciaux seront ouverts par le trésor public à la société.

### Art. 34.

Le trésor public ou ses agents seront seuls chargés avec les maires de recevoir et de payer dans toutes les communes du territoire pour le compte de la Société nationale fraternelle.

### Art. 35.

Dans chaque commune le maire sera trésorier de droit.

Il devra, à des époques déterminées, rendre compte au trésor public de toutes les sommes reçues ou versées par lui à quelque titre que ce soit, pour le compte de la Société.

### Art. 36.

Lorsqu'un trésorier communal aura en caisse plus de fonds qu'il ne lui en faudra pour le payement probable des différents services auxquels il devra pourvoir, il devra opérer le versement dans la caisse du percepteur de son arrondissement.

## ART. 37.

Chaque percepteur, receveur particulier ou général, ouvrira un compte spécial à la Société nationale fraternelle.

## ART. 38.

Certaines cotisations seront reçues d'après le mode ordinaire des impôts et seront portées par l'agent du trésor public sur la même feuille que les impôts ordinaires. Seulement il en sera fait un dépouillement pour le compte de la société.

D'autres cotisations seront perçues par les patrons des travailleurs, pour être ensuite versées entre les mains du maire-trésorier.

## ART. 39.

Dans le délai d'un mois, à partir de la promulgation de la présente loi, les ministres devront remettre à l'Assemblée nationale des états, aussi exacts que possible, de toutes les sommes qui depuis 1815 jusqu'en 1847, auront été dépensées dans leurs ministères respectifs :

1° Pour soulager les souffrances du peuple ;

2° Pour les frais de répression, de police politique, et toutes dépenses qui existent forcément dans une société mal organisée ;

3° Pour l'entretien des prisons, des hôpitaux et de tous les établissements de bienfaisance publique.

## ART. 40.

Les directeurs et administrateurs des établissements de charité et de bienfaisance devront également faire connaître les sommes qui sont employées par eux, les moyens qu'ils emploient pour entretenir la charité publique ;

Ils devront adresser à l'Assemblée nationale des états annuels depuis 1815 jusqu'en 1847, qui contiendront leurs recettes et leurs dépenses.

Les noms des philanthropes qui ont contribué à soutenir ces établissements devront être publiés et signalés à la reconnaissance publique.

## Art. 41.

Au fur et à mesure que les renseignements demandés par les articles précédents seront fournis, et que les services devenus inutiles, par suite de la nouvelle organisation sociale, pourront être supprimés, les sommes qui leur étaient appliquées seront attribuées à la Société nationale fraternelle, comme il est dit en l'art. 33.

# Titre IV.

**Réunions de la société, leur objet, leur composition.**

## Art. 42.

La Société aura des réunions dont les époques et la durée seront fixées par les règlements ultérieurs.

L'objet de ces réunions sera de faire connaître aux sociétaires la situation de la Société, de procéder à certaines élections, de discuter les questions relatives aux intérêts de la Société, et enfin de décerner et de distribuer les récompenses aux membres qui en auront été jugés dignes.

## Art. 43.

Dans chaque commune, le maire sera président de droit de la réunion qui y aura lieu.

Il sera nommé par voie d'élection deux vice-présidents et un secrétaire pris dans le sein de l'assemblée.

## Art. 44.

Pour les réunions qui auront pour but les objets déterminés dans l'art. 42 et qui auront lieu dans d'autres endroits que la commune, les bureaux, en ce qui concerne les autorités civiles, seront formés hiérarchiquement et ainsi qu'il suit :

1° Au chef-lieu de canton. Le maire-trésorier sera président de droit; il sera nommé, par voie d'élection, deux vice-présidents et un secrétaire pris dans le sein de l'assemblée;

2° Au chef-lieu d'arrondissement, le sous-préfet qui prendra le titre de *père d'arrondissement* sera président de droit.

Le maire-trésorier du lieu sera vice-président de droit.

Un second vice-président et un secrétaire seront nommés à l'élection et pris dans le sein de l'assemblée ;

3° Au chef-lieu de département, le préfet, qui prendra le titre de *père départemental,* sera président de droit.

Le maire-trésorier du lieu sera vice-président de droit. Un second vice-président et un secrétaire seront nommés à l'élection et pris dans le sein de l'assemblée ;

4° Au siége central de la Société nationale fraternelle, qui aura lieu à Paris, les réunions ne seront composées que de 120 membres, qui auront le titre de tuteurs généraux de département. Ces tuteurs généraux représenteront les intérêts de l'agriculture, de l'industrie, du commerce et des arts.

Les résolutions prises à la suite de leurs délibérations devront être acceptées par tous les départements en ce qui concernera la Société nationale fraternelle.

Il y aura des tuteurs généraux de droit et d'autres nommés à l'élection.

Les tuteurs généraux de droit seront :

1° Le ministre du commerce, qui prendra le titre de *père des Invalides civils généraux ;*

2° Le préfet de la Seine, qui prendra le titre de *père général ;*

3° Le maire de Paris, qui prendra le titre de *trésorier général ;*

Le département de la Seine nommera, par voie d'élection, un tuteur général par arrondissement, en tout 14.

Chaque département nommera un tuteur général, en tout 85.

L'Algérie nommera 3 tuteurs généraux.

Les colonies françaises nommeront 15 tuteurs généraux.

En tout, 120 tuteurs généraux.

## Art. 45.

La réunion des tuteurs généraux sera présidée par le ministre du commerce, qui sera *président de droit.*

Le préfet de la Seine et le maire de Paris seront *vice-présidents de droit.*

## Art. 46.

Pour le cas où le président et les vice-présidents de droit seraient

empêchés de présider l'assemblée, il sera formé un bureau provi
soire, ainsi qu'il suit :

Le doyen d'âge sera président.

Les deux membres les plus âgés après lui seront vice-présidents.

Les deux membres les plus jeunes seront secrétaires.

### Art. 47.

Le bureau définitif ne sera composé qu'un mois après la première réunion de l'assemblée. Il sera composé comme suit :

1° Du président de droit, le ministre du commerce ;

2° Des deux vices-présidents de droit, le préfet de la Seine et le
maire de Paris ;

3° De trois vice-présidents nommés à l'élection et pris dans le
sein de l'assemblée ;

4° De deux secrétaires également élus.

Les membres élus pour former le bureau définitif le seront pour
toute la durée de la session au siége central de la Société.

Les invalides civils des arts, de l'agriculture, du commerce et
de l'industrie assisteront aux séances des tuteurs généraux, si
cela leur est possible ; ils y apporteront le tribut de leurs lumières
et de leur expérience.

Ils n'auront que voix consultative.

Nota. Il est important que tout ce qui a rapport au travail ressorte du
ministère du commerce tel qu'il est établi. La création d'un ministère
du travail serait un non-sens et une nouvelle charge sociale. Un ministère
du travail ne pourrait évidemment s'alimenter, qu'en s'attribuant la plus
grande partie des fonctions du ministre du commerce. Ce serait donc diviser
tandis qu'il faut tâcher de réunir. Ce n'est que par une administration forte,
parce qu'elle sera unique, qu'on pourra établir un centre producteur bien
organisé et capable de donner de bons résultats. D'ailleurs la tâche du ministre du commerce et de l'industrie sera rendue très-facile, en ce sens
que le comité central de l'association, qui sera composé des plus habiles
sommités pratiques de tous les genres de production, préparera la réso-
lution de tous les problèmes d'utilité et de progrès.

### Art. 48.

Deux sténographes au moins seront attachés aux séances des
tuteurs généraux. Le résultat des séances sera rendu public par
la voie de la presse. Le but de cette assemblée sera de discuter les

quéstions qui, dans un intérêt général, devront attirer l'attention de l'Assemblée nationale, et donner naissance à des lois.

# Titre V.

## De l'administration.

### Art. 49.

Diverses fonctions et emplois déterminés par des règlements ultérieurs seront exclusivement réservés aux membres de l'association, élus à cet effet par un système électif à plusieurs degrés. Les membres élus, pour remplir ces fonctions, prendront les dénominations suivantes et seront dans la proportion numérique ci-après déterminée :

1° Les frères *puînés* seront élus par l'élection au premier degré dans la réunion communale; chaque commune en fournira cinq.

2° Les frères *aînés* seront élus au deuxième degré, dans une réunion de canton, par les *frères puînés*, et qui, à 5 par commune pour 14 communes, formeront un total de 70 membres. Sur ce nombre, 10 seront élus comme *frères aînés.*

3° Les tuteurs d'arrondissement seront élus au troisième degré dans une réunion d'arrondissement et par les frères aînés, qui, à 10 par canton, et pour 9 cantons, formeront un total de 90 membres. Sur ce nombre, 18 seront élus comme tuteurs d'arrondissement.

4° Les tuteurs départementaux seront élus au quatrième degré dans une réunion au chef-lieu du département, et par les tuteurs d'arrondissement qui, à 18 par arrondissement, et pour 4 arrondissements, formeront un total de 72 membres. Sur ce nombre, 20 seront élus comme tuteurs départementaux.

5° Les tuteurs généraux seront élus au cinquième degré dans une réunion au chef-lieu de département et par les 20 tuteurs départementaux. Sur ce nombre, il sera nommé un seul *tuteur général par département.*

### Art. 50.

Il résultera de cet ensemble d'opérations électorales que les sociétaires appelés à remplir les fonctions de toute nature pour le compte de la Société seront dans les proportions suivantes:

1° Un maire-trésorier par commune pour 37,038, ci. .     37,038

2° Cinq frères puînés par commune pour 37,038 communes, en y comprenant cinq frères puînés en plus pour chaque arrondissement de Paris, ci. . . .   185,250

3° Tuteurs généraux de droit en y comprenant ceux de l'Algérie et des colonies, ci. . . . . . . . . . . . .    21

        Total général du personnel de l'administration.   222,309

Dans ce nombre seront pris les sociétaires employés qui porteront les dénominations suivantes:

1° Dix frères aînés par canton pour 2,847 cantons, en y comprenant les arrondissements de Paris, et cinq en plus par arrondissement. . . . . . . . . .   28,530

2° Dix-huit tuteurs d'arrondissements par arrondissement, pour 363 arrondissements, y compris Paris . . . . . . . . . . . . . . . . . . . . . .   6,534

3° Vingt tuteurs départementaux par département, pour 86 départements, plus 1 par chaque arrondissement de Paris. . . . . . . . .   1,732

4° Un tuteur général par département, pour 85 départements. . . . . . . . . . . . . . . .   85

Quatorze tuteurs généraux pour le département de la Seine . . . . . . . . . . . . . . . . . .   14

Les tuteurs généraux de l'Algérie. . . . . . .   3

Les tuteurs généraux des colonies. . . . . . .   15

Les tuteurs généraux de droit, qui sont le ministre du-commerce, le préfet de la Seine et le maire de Paris. . . . . . . . . . . . . . .   3

## ART. 51.

Les élections mentionnées dans les articles précédents seront régies par des règlements particuliers et ultérieurs.

## Art. 52.

Avant de procéder aux élections dont il vient d'être parlé, tout candidat qui se présentera ou qui sera présenté pour remplir des fonctions gratuites ou salariées, sera soumis à un examen préalable. Cet examen aura pour but de s'assurer, que le candidat est digne et capable de remplir les fonctions qui lui seront confiées pour l'intérêt général.

NOTA. Cet examen a pour double but de n'avoir que des employés capables, et de stimuler tous ceux qui voulant être élus pour avoir une position meilleure, s'efforceront de se rendre plus habiles dans leur profession, et de mériter les suffrages de leurs frères par leur intelligence et la capacité qu'ils auront acquise.

## Art. 53.

On devra, dans chaque localité, choisir de préférence pour candidat, d'abord les plus habiles, comme il vient d'être dit, et ensuite les plus avancés en âge, ou ceux qui, à cause de la faiblesse de leur constitution, sont peu propres à un travail manuel, et enfin ceux qui, étant infirmes, pourraient, par leur intelligence, rendre des services à la société.

## Art. 54.

La correspondance entre les différents fonctionnaires de la société aura lieu hiérarchiquement, et avec jouissance d'un droit de franchise.

# Titre VI.

### 1° Des salaires et rétributions accordés aux administrateurs de la Société nationale fraternelle ; 2° Des salaires des ouvriers.

## Art. 55.

Les salaires et rétributions accordés aux différents administrateurs de la Société nationale fraternelle seront de 50 centimes de plus que ce qu'ils gagnent en travaillant de leur profession, et

cela par chaque jour qu'ils auront consacré au service de la
Société.

ART. 56.

Les sociétaires qui seront employés annuellement pour le
compte de la Société, et qui auront été choisis aux termes de
l'art. 53, auront des traitements relatifs aux catégories auxquelles
ils appartiennent, et déterminées par des règlements ultérieurs.

En outre, lorsque les tuteurs généraux devront s'absenter pour
aller siéger à l'assemblée centrale des Invalides civils, ils recevront 10 fr. par jour, depuis celui de leur départ jusques et y
compris celui de leur retour.

ART. 57.

Si un membre refusait tout ou partie de la somme qui lui est
allouée pour les services qu'il rend à la société, il sera fait compte
de cette somme, et elle sera portée sur son livret comme ayant
été versée par lui à titre de don.

ART. 58.

Les salaires des travailleurs employés chez les patrons seront *libres et débattus entre eux*, afin que chaque travailleur puisse être
rétribué suivant sa capacité et son intelligence. Toutefois, et pour
remédier d'une manière efficace à une des plus grandes plaies
sociales, il sera fait d'un commun accord entre les travailleurs de
toutes capacités et les patrons, un règlement qui fixera, pour
chaque profession, le minimum qui sera accordé aux travailleurs
les plus faibles de constitution physique et les moins habiles des
deux sexes, et aux enfants.

Ce minimum devra être suffisant pour que celui qui le recevra
puisse pourvoir à tous ses besoins.

# Titre VII.

**Du Contentieux.**

ART. 59.

Toute contestation qui aura pour objet soit l'exécution des travaux, soit des différends survenus entre les patrons et les ouvriers, pour l'exécution des engagements, etc., seront jugés par des tribunaux spéciaux, et composés suivant des règlements ultérieurs, de frères puînés, de frères aînés et de tuteurs généraux, suivant les cas, afin que, dans ces sortes de procès, la justice d'une part, soit rendue gratuitement, et que, d'autre part, elle le soit par des juges compétents dans chaque profession.

Ces tribunaux seront présidés, suivant les circonstances, par le maire-trésorier de la commune ou par le juge de paix.

Nota. Le commerce a senti la nécessité de se faire juger par des hommes spéciaux et compétents, n'est-il pas au moins aussi nécessaire que les travailleurs soient également jugés par des spécialités professionnelles, qui sont seules capables de décider les questions avec équité et en connaissance de cause.

# Titre VIII.

## Des écoles et du Conservatoire des arts et métiers. Des conseils consultatifs.

## Art. 60.

Une école des arts et métiers sera fondée dans chaque chef-lieu de département.

Une école sera également fondée pour chaque arrondissement du département de la Seine. Il y aura, en outre, une ferme modèle dans chaque département.

Nota. Il est de la dernière urgence qu'une instruction professionnelle large et complète soit donnée gratuitement. C'est par cette instruction bien dirigée qu'on pourra avoir des hommes capables de produire dans les meilleures conditions pour notre industrie nationale. Aujourd'hui on n'a une éducation professionnelle qu'en qualité d'apprenti dans les manufactures, et c'est là une des sources de l'exploitation immorale de l'enfance.

## Art. 61.

Les bâtiments destinés à ces écoles et qui seront dépendants des Invalides civils seront construits sur des plans mis au concours.

Jusqu'au moment ou ces bâtiments pourront être construits, les écoles d'arts et métiers seront établies dans les locaux dont le gouvernement et les villes pourront disposer dans chaque localité.

Art. 62.

Les premiers ateliers qu'on établira dans les écoles seront ceux qui se rattacheront aux besoins qui se feront le plus vivement sentir dans chaque département, et ceux qui présenteront l'utilité la plus immédiate pour la présente société.

Chaque école des arts et métiers aura une bibliothèque uniquement composée d'ouvrages et de manuels pratiques et professionnels, faits et rédigés, comme il est dit plus loin, par les vétérans de l'industrie, afin que les ouvriers de chaque profession puissent y puiser l'instruction nécessaire à leur état.

Art. 63.

Les directeurs chefs d'ateliers et ouvriers qui dès la fondation seront admis dans les écoles, seront pris parmi les membres de la Société nationale fraternelle et choisis par voie d'élection. Les candidats devront, avant leur élection, subir des examens théoriques et pratiques, afin qu'on ait la certitude que leurs produits atteindront immédiatement le plus haut degré de supériorité.

Art. 64.

On ne pourra être nommé directeur d'une école, que lorsqu'on aura atteint l'âge de 40 ans révolus.

On ne pourra être chef d'atelier dans ces mêmes écoles, qu'après l'âge de 30 ans.

Art. 65.

Le Conservatoire des arts et métiers sera transféré dans les bâtiments de l'hôtel central des Invalides civils. Les machines, métiers et instruments du conservatoire seront placés sous la sauvegarde de ces vétérans du travail qui, par leur carrière laborieuse, auront fécondé les sources de la richesse et de la gloire indusrielle de la France, et par ce fait auront bien mérité de la Patrie.

## Art. 66.

Les invalides civils contribueront à la formation de la bibliothèque du Conservatoire des arts et métiers, en rédigeant sous
forme de manuel les observations que chacun d'eux aura pu faire
dans sa profession.

Ces manuels auront pour but, de faire faire des progrès à l'industrie en indiquant des améliorations aux procédés connus, et en
faisant connaître des inventions nouvelles. Les bibliothèques com-
munales seront exclusivement composées de ces ouvrages sanc-
tionnés par la pratique.

Nota. On croit généralement aujourd'hui, qu'il y a un grand nombre de
livres, capables de servir à la pratique et à l'instruction professionnelle.
C'est là une grave erreur. Tous les livres qui ont paru sous le titre d'ouvrages pratiques, sont l'œuvre d'hommes savants, mais qui ne se doutent
pas de ce qu'est la pratique, et la plus grande partie ne sont que des co-
pies des vieilles encyclopédies.

Il est donc évident que les ouvrages qui seront faits par les invalides
civils, ouvrages qui seront le résultat certain d'une pratique professionnelle, rendront les plus grands services, et que, tout en perfectionnant
l'apprentissage, ils en abrégeront la durée.

En un mot, au moyen de ces ouvrages pratiques, l'ouvrier, à vingt ans,
sera plus habile qu'il ne l'est aujourd'hui à quarante, parce qu'il pourra
se servir de l'expérience de ses devanciers.

## Art. 67.

Un conseil consultatif des arts et métiers, de l'agriculture, de
l'industrie et du commerce, sera établi dans chaque chef-lieu de
département.

Il en sera également établi un à Paris aux Invalides civils généraux.

## Art. 68.

Ces conseils seront composés, d'hommes spéciaux dans chaque
branche d'industrie qui devront être retirés des affaires; d'une
capacité et d'une intrégité reconnue. Ils devront être choisis tant
parmi les invalides civils que parmi les tuteurs.

Ces conseils seront consultés sur les établissements ou entreprises à créer, sur leur chance de réussite et sur leur degré d'u-
tilité publique.

Les questions qui seront soumises à l'appréciation des conseils, le seront, sans que les noms des parties intéressées puissent être mentionnés.

Suivant l'importance des affaires, les conseils départementaux pourront les faire parvenir au conseil central siégeant à Paris, par l'entremise des tuteurs généraux ou des pères départementaux.

Nota. Aujourd'hui, il y a une perte immense du capital social, par les entreprises qui sont créées par des hommes, dont les uns sont légers et les autres intrigants.

D'un autre côté, des entreprises se fondent pour des industries qui sont déjà surabondamment exploitées ; elles tombent par ce fait, tandis que les capitaux qu'elles ont absorbés auraient été utilement employés dans une autre industrie. Les conseils consultatifs seront donc appelés, en formant des statistiques vraies sur toutes les branches de l'industrie, à en régulariser le développement, et à diriger les capitaux sur des entreprises sérieuses et vraiment utiles.

# Titre IX.

## De la concurrence.

### Art. 69.

*La concurrence morale* qui sert à développer les progrès de l'industrie par ses principes stimulants, reste libre.

*La concurrence illimitée et immorale* qui ne sert qu'à ruiner la société est abolie.

### Art. 70.

Tout individu qui voudra se mettre à la tête d'une fabrique ou d'un établissement commercial quelconque, devra préalablement subir un examen et obtenir un diplôme.

Cet examen devra porter sur des questions de capacité productives, de comptabilité et de droit commercial.

### Art. 71.

Tout individu qui voudra s'intéresser dans une entreprise industrielle, pourra prendre des renseignements sur cette entreprise, auprès du conseil consultatif de son département.

## Art. 72.

Les ventes à l'encan sont formellement interdites.

Il en est de même des ventes qui se font par l'intermédiaire des marchands ambulants. Ces deux sortes de ventes sont supprimées ; en premier lieu, parce qu'elles déprécient les marchandises, d'une manière telle, que les fabricants ne peuvent les produire qu'en donnant des salaires insuffisants aux ouvriers qu'ils emploient, en second lieu parce qu'elles servent de moyens frauduleux aux négociants qui, par des ventes forcées et au-dessous du cours, veulent frustrer leurs créanciers.

## Art. 73.

Les commerçants établis ayant passé leurs examens, ne pouvant plus prétexter de leur ignorance, ne seront plus mis en faillite.

Mais sera déclaré banqueroutier frauduleux tout négociant qui n'aura pas arrêté ses affaires à temps, pour ne pas compromettre les capitaux qui lui auraient été confiés.

Dans ce cas, le banqueroutier frauduleux sera poursuivi suivant les lois rigoureuses qui devront être faites à ce sujet.

Si le banqueroutier est parvenu à gagner le territoire étranger, il devra être livré aux tribunaux français par les autorités du pays où il se sera réfugié.

Dans aucun cas, le commerçant déclaré banqueroutier frauduleux ne pourra être réhabilité, ni réintégré dans ses droits civils.

Lorsque le commerçant aura été conduit à de mauvaises affaires par des circonstances de force majeure, la société viendra à son secours aux termes de règlements ultérieurs.

Nota. La concurrence illimitée, qui permet à tant d'industriels de se lancer dans des entreprises téméraires et ruineuses, est la source de la défiance. Il est donc évident que les mesures proposées, qui peuvent paraître sévères au premier abord, sont d'une nécessité absolue, tant pour moraliser le commerce que pour attirer vers lui une confiance pour ainsi dire illimitée.

En effet, lorsqu'une entreprise sera commencée sous l'influence de la présente loi, les capitalistes s'y engageront avec confiance, parce que la sanction du conseil consultatif, d'une part, et, de l'autre, les lois sévères appliquées aux commerçants inhabiles ou infidèles, seront des garanties incontestables contre des friponneries qui ont été si nombreuses de nos jours. Et qu'on ne vienne pas dire que nous apportons des entraves à la liberté : la concurrence, telle qu'elle existe, n'est pas de la liberté, c'est un vol et un scandale ; c'est, en un mot, une source de ruine pour la société.

# Titre X.

## Des récompenses honorifiques qui seront décernées aux travailleurs par la Société nationale fraternelle.

### Art. 74.

Il sera créé une décoration d'honneur d'ordre civil qui sera destinée à exciter l'émulation et à honorer les services rendus à la prospérité et à la gloire de la France par le dévouement de notre armée productrice et pacifique des travailleurs.

### Art. 75.

Une loi particulière déterminera les statuts de cet ordre, sa dénomination, la manière dont elle sera portée, et sa hiérarchie.

Cette décoration sera d'une forme ovalisée, de diverses dimensions et de divers métaux suivant les grades, et portera les mêmes emblèmes que les diplômes. Elle ne pourra jamais être donnée qu'à l'élection.

### Art. 76.

Cet ordre pourra être accordé aux individus des deux sexes.

### Art. 77.

Il ne pourra être porté que lorsque son titulaire sera vêtu d'une manière convenable.

### Art. 78.

Cet ordre jouira des mêmes prérogatives honorifiques que la Légion d'honneur.

# RÉSUMÉ.

Telles sont, citoyens représentants, les bases principales du système d'organisation qui m'ont été inspirées, par une longue expérience théorique et pratique des hommes et des choses. J'ai la conviction profonde que ce système peut apporter un remède complet, aussi efficace que prompt, aux maux que nous voulons soulager, et ce résultat pourra être obtenu sans amener aucune secousse sociale, parce que mon système ne blesse aucun intérêt.

En respectant tous les droits acquis et les gradins sociaux, le système que je propose détruira la misère de la classe laborieuse, et réalisera la grande promesse qui a été faite sur les barricades de Février, et consentie ensuite par l'Assemblée nationale, de donner à chacun du pain ou du travail.

Mon système mettra en pratique une des grandes devises de la République, la *Fraternité;* la constitution politique aura à réaliser les deux autres, la *Liberté* et l'*Égalité*. C'est alors que la République aura cessé d'être un mot pour devenir un fait. C'est alors surtout que la France pourra arriver à un état calme et digne, à l'abri de révolutions nouvelles, et qui lui permettra de travailler sans relâche à prendre, parmi les nations libres et industrielles, le rang qui lui est dû, c'est-à-dire le premier.

Mon système, citoyens représentants, pourra, j'en suis certain, être appliqué immédiatement, et fera de la nation française une nation de frères; il détruira les haines qu'on cherche à faire naître entre les différentes classes de la société; chaque citoyen verra dans son concitoyen l'homme qui coopère dans la limite de ses moyens au bonheur général, et nous ne formerons plus qu'une seule et grande famille.

Ce qui me donne la confiance que je vous exprime, c'est que je n'ai pas cherché à me lancer dans le champ des illusions ; j'ai pris la société telle qu'elle est, et les hommes tels que je les vois, avec leurs vices et leurs vertus. Je me sers de l'intérêt pour relier les hommes entre eux ; je ne leur demande pas de faire des sacrifices plus grands que ceux qu'ils font actuellement, seulement je veux que ces sacrifices soient employés pour le bien au lieu de l'être pour le mal.

Si quelque point de cet exposé vous paraissait incomplet ou impossible, citoyens représentants, je vous donnerai toutes les explications que vous désireriez et que je n'ai pas pu vous donner dans ce travail abrégé, me faisant fort de lever les objections.

Quant à moi, citoyens représentants, dépourvu de toute ambition personnelle, mon seul but et mon seul désir sont de doter ma patrie d'une organisation qui lui permette d'être heureuse, et ma récompense sera immense par ce seul fait que j'y serai parvenu.

Je ferai donc tous mes efforts pour atteindre mon but, tous les moyens je les emploierai, parce que je puiserai ma force dans une conviction profonde et dans un désintéressement absolu.

Je me mets donc aujourd'hui comme je l'ai déjà fait trois fois, par mes lettres en date du 17 et du 25 mai dernier, et du 10 de ce mois, adressées au président du comité du travail, je me mets, dis-je, à la disposition complète du comité pour lui donner toutes les explications qu'il pourra désirer. Si une longue expérience et une observation continuelle des hommes et des choses lui paraissent utiles, je serai toujours prêt à mettre ce que j'ai acquis au service de mon pays, heureux, je vous le répète, si je puis contribuer à la prospérité et au bonheur d'un peuple intelligent et généreux qui ne demande qu'à être à l'abri d'une misère honteuse, et qui veut conserver une dignité qui est le plus bel attribut de l'humanité.

Je terminerai en disant, qu'aujourd'hui ma confiance en mon système est d'autant plus grande, que les seuls auteurs qui ont obtenu un succès réel en traitant cette question depuis le 24 février sont ceux qui m'ont fait l'insigne honneur de puiser leurs idées dans la brochure que j'avais publiée en 1841 sur l'organisation du travail.

Je citerai particulièrement le citoyen Eugène Blanc qui expose un système qui est le mien de point en point, et qui n'est que l'analyse *mal comprise* de ma brochure.

Une longue maladie m'a empêché de me mettre à l'œuvre aussi vite que je l'aurais voulu, et mon silence a pu faire croire à ma disparition de ce monde ; de là sans doute les emprunts qu'on a bien voulu me faire.

Mais si je suis dépourvu de cette ambition sordide qui veut arriver à la fortune par tous les moyens, je conserve cette noble ambition qui fait que chaque citoyen doit vouloir attacher son nom aux institutions qui peuvent amener le bonheur et la prospérité de son pays.

Je réclamerai donc la priorité de mes idées sur tous ceux qui auront voulu se les approprier, et je ne leur laisserai que la triste gloire qui est l'attribut du plagiat.

Paris, le 10 juin 1848.

**CAMUS M^tel,**

Ingénieur métallurgiste manufacturier.

**Rue du Cherche-Midi, 86.**

*P. S.* Je prie les lecteurs qui ne me connaissent pas personnellement, de ne pas me confondre avec le citoyen Camus, qui a fait poser des affiches pour soutenir sa candidature à l'Assemblée nationale, et avec lequel je n'ai rien de commun.

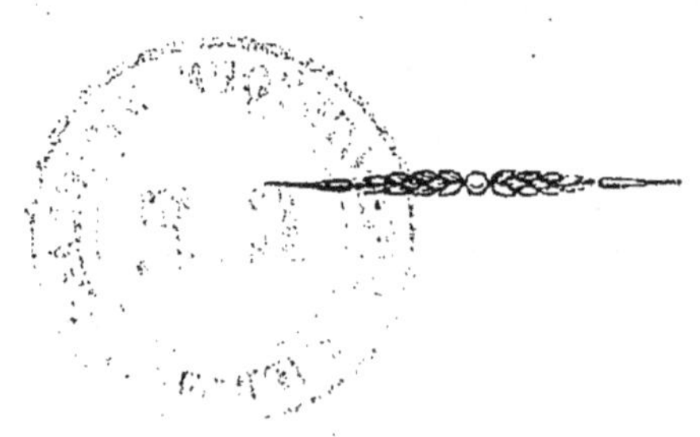

# TABLE.